墓のはなし

福原《ふくはら》堂礎《どうそ》［著］

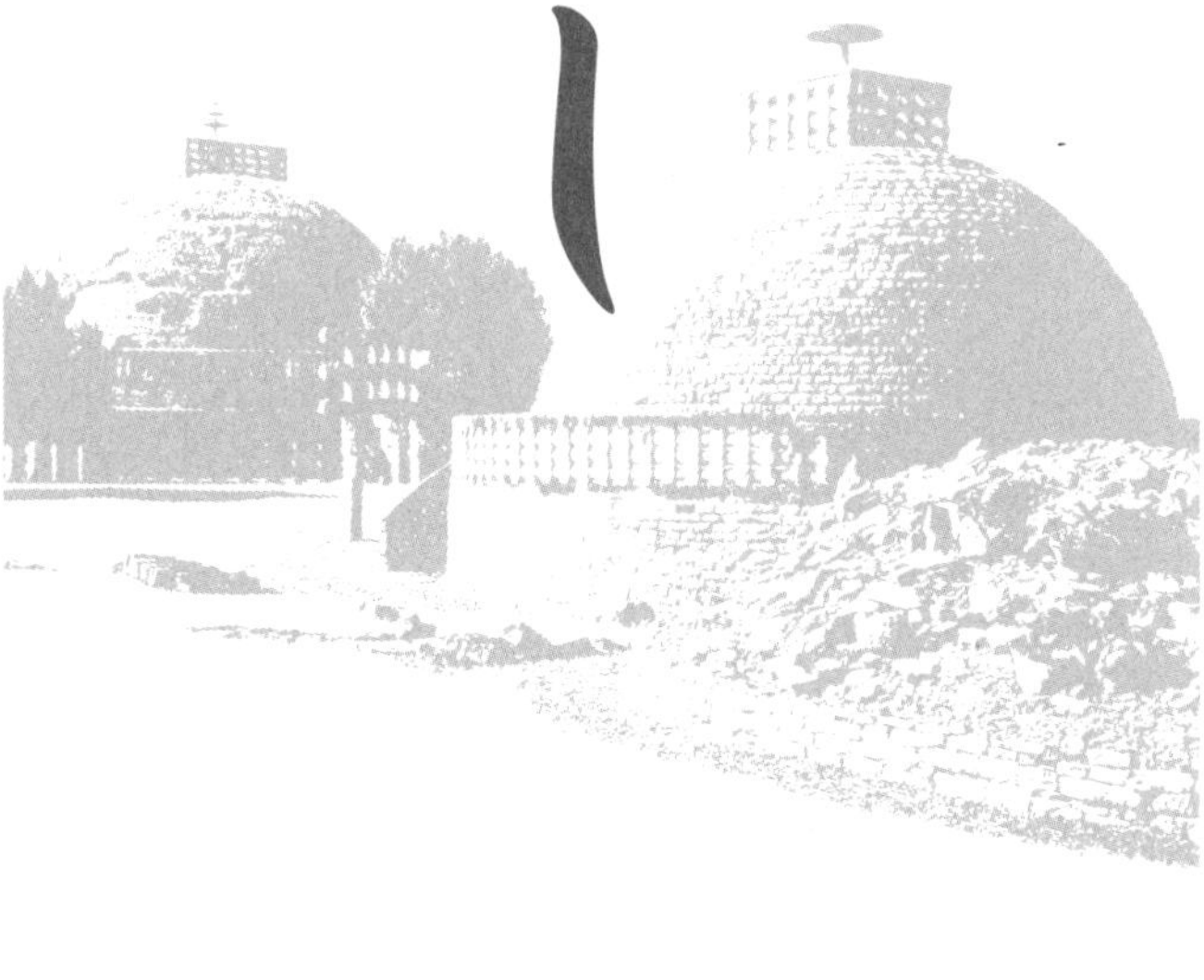

法藏館

目　次

墓のはなし

お墓は何のために建てるのか

悠久の人間の歴史を、今に留めることなく流れ続けているこの体内の血流。私にも二人の親があり、その親にも親がいたこの事実、生かされている生命を不思議と感じざるを得ません。遠い遠い世界からの、先祖の連綿とした命のバトンリレーが続いています。体内にあるご先祖の無数の流れの中で、一番最初に接するご先祖が、二人の親であるのです。親より生を享けて育まれてきたこの私の生命、思わず親へ感謝せねばいられません。親へ感謝することが、その親の親への感謝であり、それらが「ご先祖さま」ということにつながるのです。

お墓を建てるということは、親への報恩感謝の表れであり、親子の縁の深さを示す尺度を表すものでもあります。親が生きていれば、おいしいものを食べに行ったり、楽し

お墓は聖地で浄土への入口

い旅行へ一緒に行くこともできたでしょう。しかし、亡くなった今となっては、できる親孝行は、正しいお墓を建てることしかありません。仏の世界に生まれ変わった親を、この世の浄土としてのお墓に具現することこそ、最高の親孝行であり、ご先祖孝行となるのです。

　亡くなった親に、浄土へ還ってもらうためには、そのお骨を家の庭に埋めるわけにはいきません。また、お仏壇に、骨壺のままいつまでも安置しておくこともできません。やはり、お墓を建てて、そこにお骨を納めて、お浄土に還ってもらわなければなりません。そのために、お骨を奉安する墓地の石棺の底に写経を埋納し、お経の混じった土として聖なる浄土とし、そこに遺骨を納め、そして浄土へと還っていただくのです。このように、墓地を浄土として聖地化するために、写経紙奉納は必ずしなければなりません。

さらに「南無阿彌陀佛」などの仏文字を刻むことで、先祖への感謝と、子孫の安寧なる繁栄を祈念するのです。このように親への感謝、その先にある先祖への報恩、そのずっと先にある仏さまへの供養、合わせて子孫の安寧を願ってお墓を建てるのです。

お墓・墓塔石の歴史

お墓の歴史は、人間の歴史といえましょう。人間の最初とは、二本足歩行を行なったときでしょうか、火を扱ったときでしょうか、言語を持ったときでしょうか。私は、亡くなった親の亡骸を土中へ納めたときが人間の起源であると考えています。死体に群がる動物から親の遺体を守る行為こそ、人間性の表れなのであって、それがほかの動物との大きな違いではないでしょうか。最初は土に埋めただけのお墓が、しだいに土葬の上に土饅頭を築いたり、重い河原石を載せることで、掘り出されることから遺体を守る方法を考えたのだと思います。

土饅頭であったり、簡単に石を載せたものが、お墓の最初でした。土中へ埋めることが、お墓なのです。「墓」という字の意味を考えてみましょう。墓の字は、草冠ではな

サンチーの大塔

く、土偏です。墓は、「莫」と「土」の二字で成り立っています。「莫」とは、物事が隠れている様を表現しています。水が隠れているのが、砂漠の「漠」です。巾（布）で客席と舞台を隠すのが「幕」です。寄付をした行為を陰徳積善で隠すのが「募」（募金）です。お墓とは、土で覆い隠すものですから、土で隠す字が当てはめられて、「墓」となっているのです。

このような遺体を埋葬するお墓の歴史とは別に、仏教のストゥーパ（stūpa）を起源とする石塔の歴史があり、現在の日本の墓塔の形は、インドで建てられた釈尊のお墓を始まりとしています。

中国河南省開封の鉄塔

お釈迦さまがお亡くなりになったときに、火葬にされた遺骨を各国の国王が八等分に分けて墳墓を建てました。さらに、荼毘所に残された灰で墳墓が建てられ、遺骨を分けるのに使った壺に残されていた灰を使って墳墓が建てられたので、全部で十基のお墓が建ちました。そのお墓が忠実に伝承されているのが、南インドのサーンチーにある大塔です。これをストゥーパ（stūpa）と呼んでいます。

中国に渡って来て、漢字に当てはめられて「卒《そ》塔《とう》婆《ば》」と呼ばれ、日本でも卒塔婆とか、短くして塔婆とか、略して塔と呼んでいます。

中国や韓国の仏閣には、多くの立派な塔を見ることができます。不思議と、中国では八角層塔ですし、韓国では四角層塔です。日本は地震国ですから、高層の仏塔は建ちませんでした。地震に耐えて、木造の三重塔や五重塔が残っています。このように、塔というのは、お釈迦さまのお墓が起源です。つまり、お釈迦さまをお迎えしたお墓が塔なのです。遺骨を納める場所が墓であり、ご本尊をお迎えしたお墓が塔なのです。

中国や韓国では、土饅頭の墳墓を多く見ます。日本へ到達したお墓も、当初は土饅頭であったようで、古文書にも見られます。死者を土中へ埋めて土盛りをしますから、共通であって然りです。

江戸期の古文書には、土饅頭のほかに墓石としては五輪塔《ごりんとう》が描かれています。しかし、中国や韓国には五輪塔は見られません。このように、日本独自の文化と融合して宝篋《ほうきょう》印塔《いんとう》や五輪塔や多宝塔《たほうとう》ができあがってきたのです。

韓国仏国寺の塔

日本において、墓石として形が整ったお墓は、元禄以降に見られるようになります。さらに、現在よく見られる長方形の墓石は、明治以降に建てられるようになったものです。しかし、彫刻技術や採掘技法が今と違って未熟ですから、大型な墓石は見られません。現代式の墓石が簡単に建てられるようになったのは戦後のことで、その歴史は大変浅いのです。

また最近は、ニューデザインと称した新墓石が建てられるようになりました。洋式墓であったり、故人の趣味の形（碁盤・将棋・酒瓶・オートバイ・ピアノなど）を、そのまま墓石とするものが出てきました。

石塔・墓石の種類

石塔の種類

日本独自の石塔

日本独自の文化の中で発展してきた仏塔に、宝篋印塔《ほうきょういんとう》と五輪塔《ごりんとう》と多宝塔《たほうとう》があります。

宝篋印塔は、真言密教の中の『一切如来心秘密全身舎利宝篋印陀羅尼経』というお経を根本にした仏塔です。五輪塔は、空・風・火・水・地の宇宙の根源を説く仏塔です。多宝塔は『法華経』の中の「見宝塔品」を根本とする仏塔です。

現在では、それらの仏塔の建立は自由ですが、明治以前までは制限があって、自由に建てることはできませんでした。宝篋印塔は皇族や宮家で多く用いられ、五輪塔は武将たちが多く建立しました。そのほかにも卵塔《らんとう》や無縫塔《むほうとう》（無峰塔）という僧籍を有する人たちの墓塔もあります。

宝篋印塔

宝篋印塔には、笠石《かさいし》の部分に五段の段石があります。その五段の段石の上に、さらに一段の段石がありますが、これは相輪塔《そうりんとう》の一部の露盤です。笠石の下に、四方仏を刻む「月輪石《がつりんいし》」があります。月輪石に刻む四方仏は、密教の四方仏と顕教の四方仏の二種類があります。密教とは、真言宗と天台宗を指しますし、顕教とは、その密教以外ということになります。密教（真言宗と天台宗）で刻む四方仏は、東に阿閦《あしゅく》如来、南に宝生《ほうしょう》如来、西に阿弥陀如来、北に不空《ふくう》成就《じょうじゅ》如来、の梵字を配します。

宝篋印塔

顕教（浄土宗・禅宗）では、東に薬師如来、南に釈迦如来、西に阿弥陀如来、北に弥勒《みろく》菩薩を刻んで、お祀りを行ないます。ここへは梵字を

密教の四方仏

東方　阿閦如来

（ウーン）

南方　宝生如来

（タラーク）

西方　阿弥陀如来

（キリーク）

北方　不空成就如来

（アク）

顕教の四方仏

東方　薬師如来

（ベイ）

南方　釈迦如来

（バク）

西方　阿弥陀如来

（キリーク）

北方　弥勒菩薩

（ユ）

刻みますが、禅宗では梵字を使用しませんので、漢字や仏像を使います。

　宝篋印塔の四面に梵字を刻んで仏さまをお迎えしたのですから、四面ともにそれぞれ花立てや線香立てを置くことが正式ではありますが、正面のみに置いて、すべてを合掌礼拝したこととしています。

　宝篋印塔や多宝塔を含めて、五重塔や三重塔の頂上にある避雷針のようなものを「相輪塔」と呼んでいます。そのもの自体が一個の仏塔です。相輪塔は、上から宝珠《ほうじゅ》・請花《うけばな》・九輪《くりん》・請花・覆鉢《ふくばち》（伏鉢）・露盤《ろばん》で形成されていま

相輪

す。その相輪の中で特に重要なのが「覆鉢」です。茶碗を伏せたような状態をしており、そのために覆鉢と呼ばれていますが、お釈迦さまのお墓であるストゥーパを形どっており、お釈迦さまそのものであり、釈尊をお迎えしたという意味を表している一番大切で肝心な部分です。霊園に多く建っている宝篋印塔を見ると、この一番肝心なお釈迦さまのお墓を示す覆鉢のないものが目につきます。建てるときには注意をし、正しく建てたいものです。

宝篋印塔各部の名称

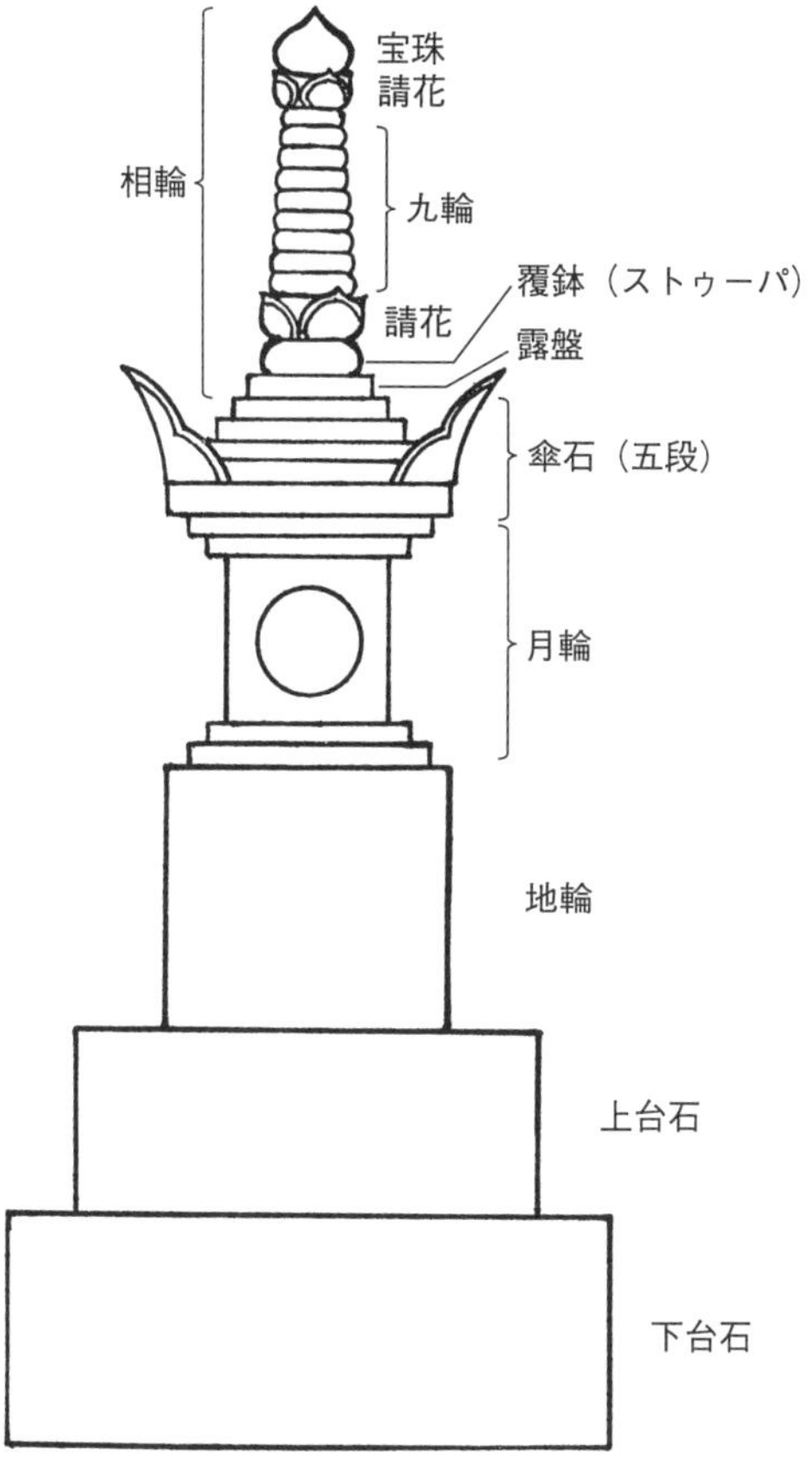

五輪塔

最近は、墓地へ行きますと、多くの五輪塔《ごりんとう》が建てられています。供養塔《くようとう》といえば、五輪塔を指すようになりました。お寺も石屋も占い師も、こぞって五輪塔を称えており、最高の塔として薦められています。

五輪塔の形を見てみましょう。上から空輪（宝珠）、風輪（半円）、火輪（三角）、水輪（丸）、地輪（四角）となっています。一番上にある空輪は、先端が鋭利に尖っていなければなりません。なぜならば、塔の鋭い先端が宇宙の頂点を指し示しているからです。五輪塔には、少しずつ形の違ったものがありますが、大差はなく、あるとすれば一石五輪《いっせきごりん》塔ぐらいでしょう。五輪塔を建てる予算や広さがなければ、一石五輪塔を建ててください。役割は同じで、

五輪塔

五輪塔各部の名称

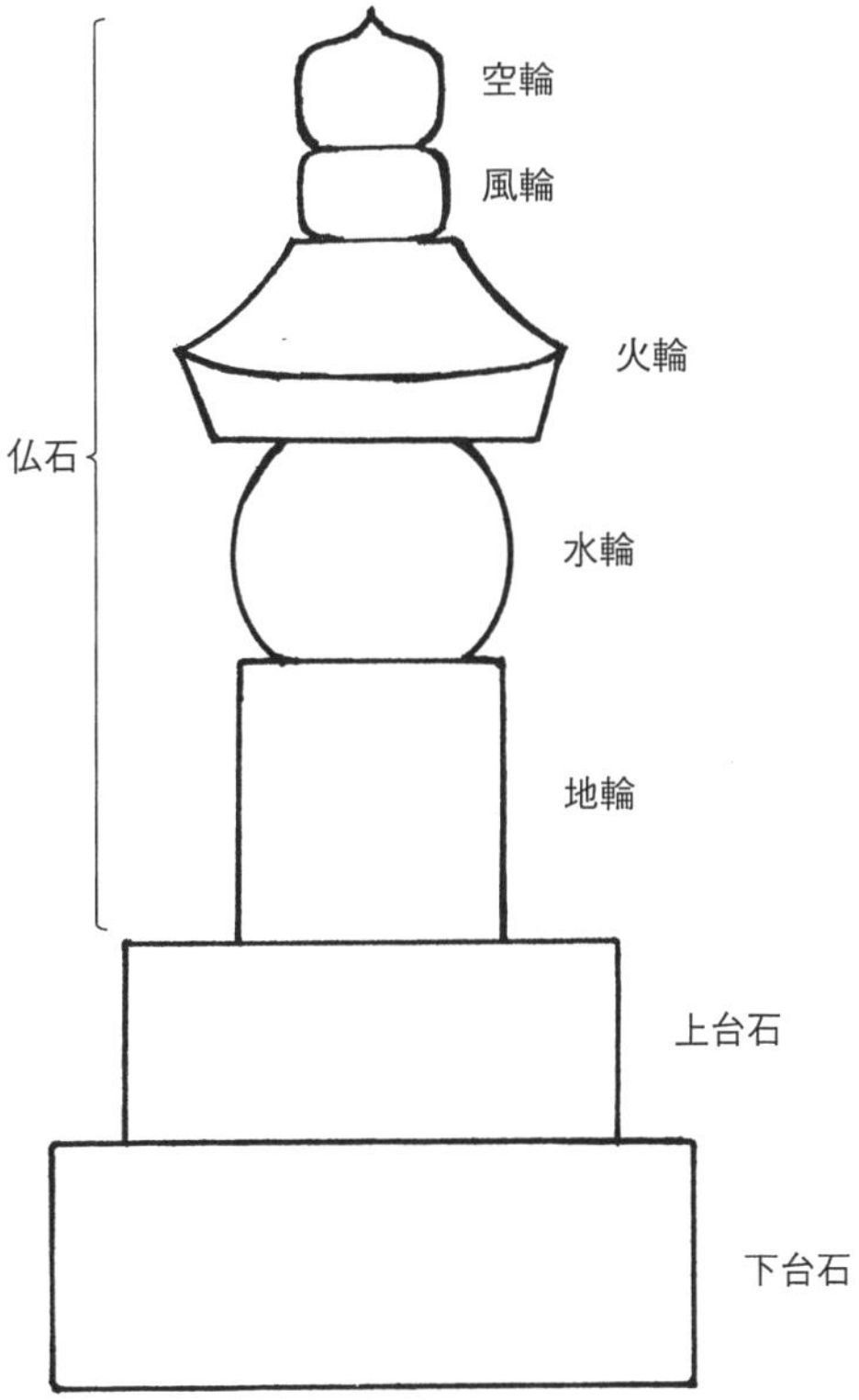

まったく遜色はありません。

多宝塔

多宝塔は『法華経』が出自ですから、日蓮宗で愛用されています。宝篋印塔《ほうきょういんとう》と同じく、相輪塔を屋根の上に載せています。塔身は湯飲みを伏せたような形状をしていて、扉のようなものが二枚彫刻されています。「見宝塔品《けんほうとうぼん》」に書かれているように、土中から多宝如来と釈迦如来が並座して出現し、『法華経』の功徳を説かれたという教えによる塔ですから、塔身の扉の奥には、向かって右に多宝如来が座り、向かって左には釈迦如来がお座りの様を示しています。天海大僧正の指導によって建てられた、日光にある徳川家康のお墓や、徳川家光のお墓は、大変立派な多宝塔です。

多宝塔

ところが、その側に寄り添うようにしてある天海大僧正の御廟は立派な五輪塔で、四方に守護の四天王（東の持国天《じこく》・南の増長天《ぞうちょう》・西の広目天《こうもく》・北の多聞天《たもん》）と、日天《にってん》と月天《がってん》の六仏に守られています。天海大僧正は天台宗の僧でしたから、大僧正を信奉する家康と家光は、『法華経』の教えに基づく多宝塔で祀られているのです。

累宝塔

累宝塔《るいほうとう》は、比叡山延暦寺の住職であった山田恵諦座主が、ご自身の家族のためにお建てになられたお墓です。当時としては珍しい六角形のお墓です。

累宝塔の名称は、山田座主ご自身の発案です。説明をお聞きしますと、「累は田と糸から成り、田は人間生活で欠くことのできない食物を表し、糸は繊維で着物を示す。宝は財産も表すが、子宝を示す。塔は、お釈迦さまのお墓であります」とのお言葉でした。大変感激しました。山田恵諦座主が命名された累宝塔は、もったいないので、他へ販売することを控えておりましたが、「私の建てた良いお墓ですから、皆さまにもお薦めください」とのお言葉がありました。しかし、同じお墓というわけに

累宝塔

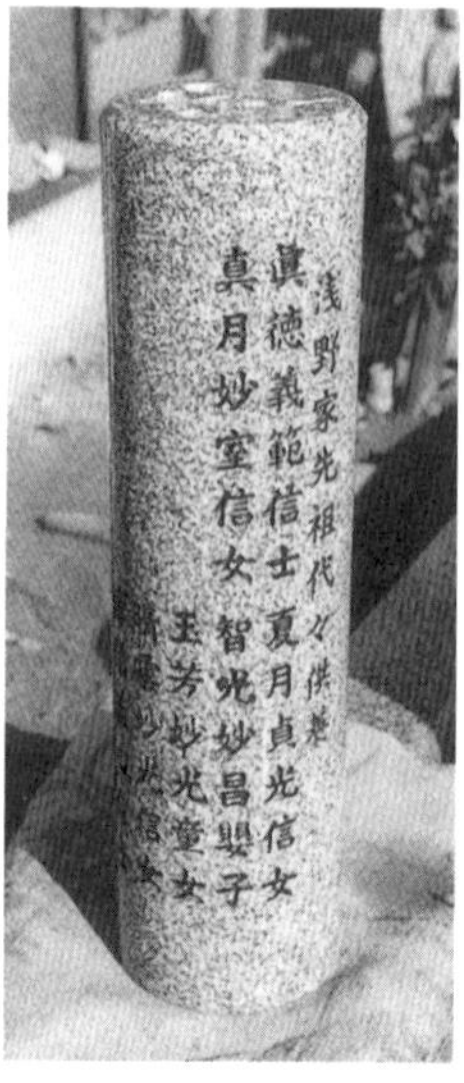

累宝塔の中に入る仏心石　二段に戒名・法名を刻む

もいきませんので、在家用として、少し形を変えて、相輪塔を付けずに宝珠を付けたものが製作されるようになりました。

六角柱の中に戒名を刻んだ石（仏心石）を挿入するので、長年に渡って雨や風による風化摩耗から戒名文字が守られます。ですから、何十年後かに追加戒名を刻むときも、新品の状態で出てきますから、彫刻が簡単にできるのです。野ざらしの墓石ですと、追加戒名を刻むことが難しい場合も出てきます。

しかも、六角柱の中に嵌入している戒名を刻む仏心石は、二段に彫刻しますから、上部を相続者、下部を非相続者として、多くの戒名を刻み、風雪から守られています。仏心石の天部には宗旨の仏種子を刻み、純金箔を塗っております。

累宝塔の特長が、戒名を中へ刻むということですから、宗旨の違う人を一緒にすることができます。つまり、家名が違っても、宗教が違っても、一つの仏塔の中に納めて供養することができるお墓なのです。ですから、妻の実家を合祀することもできるのです。また戒名がたくさんあるお家にも対応できます。

阿理香塔

累宝塔は、戒名を刻んだ仏心石を内部に挿入して雨や風から守るようにされたお墓です。ところが、そのために戒名を見ることができなくなっていました。阿理香塔《ありかとう》は、その点を改良して造られた八角の仏塔です。

開扉式の内側に、戒名をたくさん刻めるスペースがありますので、先祖の流れが多くある家や、実家の供養を兼ねる家、会社墓のように大勢の方を供養するのには、最適な仏塔といえるでしょう。

阿理香塔
法隆寺の夢殿を模した八角形の仏塔

お参りするときに扉を開けると、戒名・法名が見えるようになります。

墓石の種類

供養墓

普通の形の墓石で、先祖代々を供養する供養墓になります。ただ、正面に刻む文字によって、呼び方が変わります。墓石に「南無阿彌陀佛」と刻めば名号塔《みょうごうとう》ですし、「南無妙法蓮華経」と刻めば題目塔《だいもくとう》という呼び名になります。また、「〇〇家先祖代々」と刻む場合もあります。

近年では、「〇〇家之墓」とか、単に「〇〇家」とだけ刻んだお墓もありますが、これでは家の表札のようになってしまって、供養墓という宗教性を持ちません。

位牌墓・代々墓

またその他、供養墓としてではなく、宝篋印塔や五輪塔と一緒に建てて、夫婦のみの墓石として使用する場合は位牌墓《いはいばか》（夫婦墓）と呼ばれ、先祖も子孫も入る役目をもつ墓

南無阿彌陀佛と刻んだ名号塔（名号碑）

先祖代々と刻んだ供養墓

宝篋印塔の左に建つ位牌墓（夫婦墓）
位牌墓には夫婦の戒名を刻みます

五輪塔の左に建つ位牌墓

五輪塔の左に建つ代々墓

円相が刻まれた洋式の墓

本の形をしたニューデザインの墓

記念碑的な意味が強い墓

石であれば代々墓と呼ばれます。

洋式・ニューデザインの墓

さらに、従来の墓石の他に、洋式の墓石があります。宗教的な要素を薄くして、個人の記念碑や家の墓として建てられることが多いようで、墓石に刻む文字も、「愛」「和」「寂」といったものが多く見られます。

さらに、個人の記念碑としての意味合いが強くなったものに、ニューデザインの墓石があります。個人の趣味を偲んで、本の形など色々な形をしたものが建てられるようになりました。

宗派別の正しいお墓の建て方

天台宗

天台宗では、宝篋印塔や五輪塔を最高最善の供養塔として薦められています。宝篋印塔に四方仏を刻んでお迎えする場合は、それぞれの仏の方位に向け、向きに該当する仏をお迎えしなければなりません。しかし、五輪塔の場合は、墓地がどの方向へ向いていようとも、東の梵字である「キャカラバア」を刻んだ面を正面に持ってきます。

五輪塔に刻むキャカラバアの梵字

宝篋印塔や五輪塔は、墓地の向かって右端の上座に据えて、位牌墓や代々墓を向かって左

梵字のア字

梵字のキリーク
阿弥陀如来を表す

の下座に建てて、その横の向かって左隣地を空地として空けておきます。彫刻は、五輪塔へは梵字で「キャカラバア」を刻み、位牌墓や代々墓へは梵字の「ア」を刻むか、または梵字の「キリーク」を刻みます。

五輪塔を建てない場合は、墓石に梵字の「ア」字か「キリーク」を刻みます。

五輪塔は、位牌墓や代々墓より総高も高くします。座っている二個の台石は、同じ高さでも結構です。五輪塔の台石が一個で、位牌墓の台石が二個ある場合が、往々にして見られますが、これは間違いです。五輪塔は、上から空・風・火・水・地の五個の石と、下に二個の台石があるのです。五輪塔の五輪が仏石ですから、ここへ刻む梵字の「キャカラバア」へは、仏文字として純金箔を入れます。

写経は、『般若心経』や『法華経』の「観音経」や「寿量品」を書きます。

真言宗

五輪塔にキャカラバアを、位牌墓に
ア字を刻んで右側に寄せて建てます

真言宗では、宝篋印塔や五輪塔を最高最善の供養塔として薦められています。

五輪塔は、墓地がどの方向へ向いていようとも、東の面を正面として持ってきます。ただし、宝篋印塔と同じように四方仏を刻んでお迎えする場合は、それぞれの仏の方位に向け、向きに該当する仏をお迎えしなければなりません。

五輪塔を向かって右端の上座に据えて、

位牌墓や代々墓を向かって左の下座に建てて、その横（向かって左隣地）を空地として空けておきます。仏教も神道も、向かって右を上座とし、向かって左を下座としています。仏壇のお位牌も、向かって右には古い人を、向かって左へは新しい人の位牌を置きます。お墓の場合も同じで、古い墓石を向かって右の上座に据えて、向かって左へは新しい墓石を並べます。

五輪塔へは梵字で「キャカラバア」を刻み、位牌墓や代々墓へは梵字の「ア」を刻みます。五輪塔を建てない場合は、墓石に梵字の「ア」字を刻みます。

写経は、『般若心経』です。

浄土宗

浄土宗では、五輪塔を使用します。浄土宗のご本尊は阿弥陀仏ですから、五輪に「南無阿弥陀佛」と刻みます。「弥」に注意してください。五輪塔へ刻むときだけ「弥」とします。「仏」は、この場合も「佛」で、決して「仏」とはしません。五輪塔の五個の

五輪塔に刻む各宗派の文字

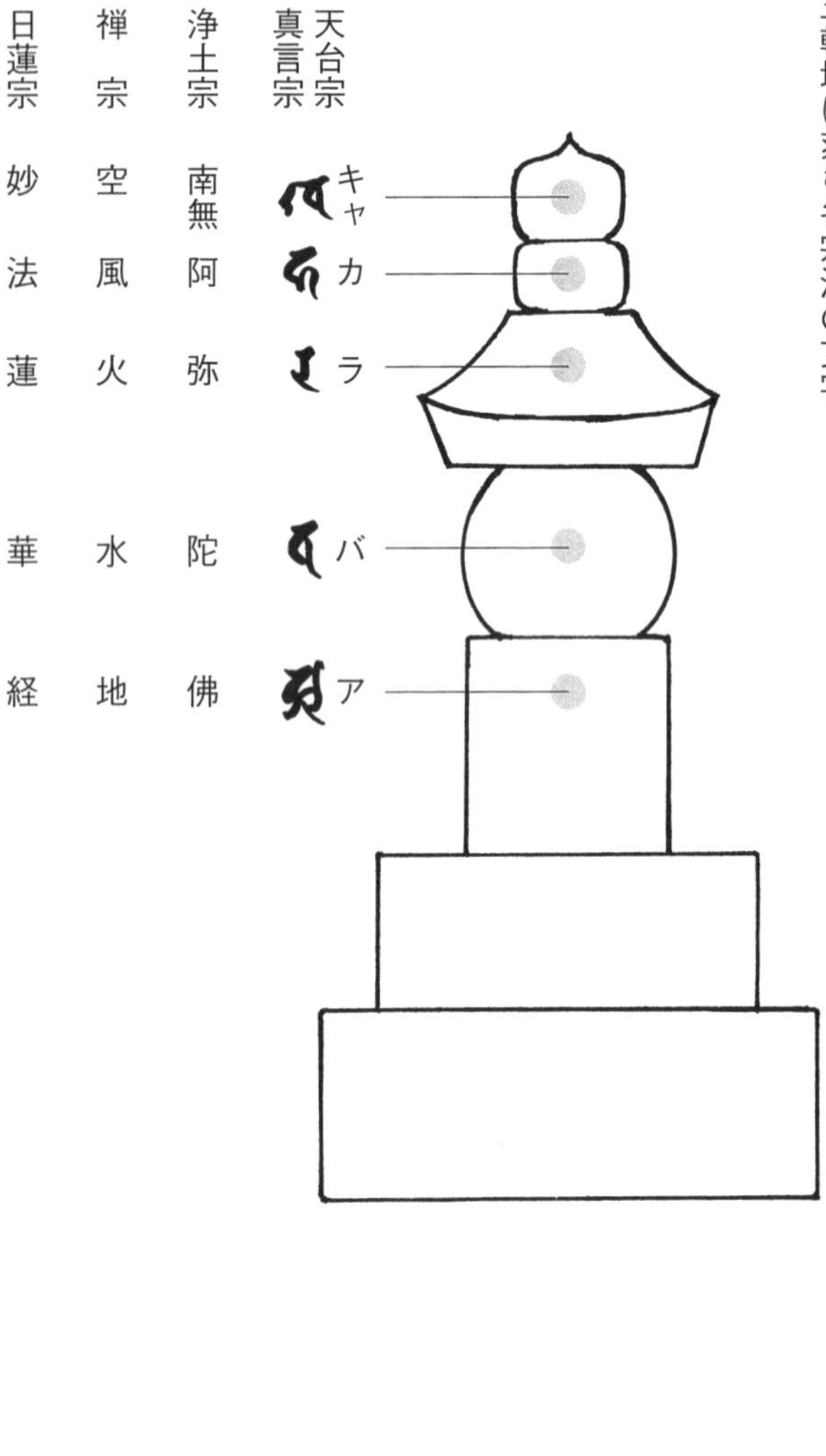

石に「南無阿弥陀佛」の六文字が入れられませんので、塔の頭にある空輪（宝珠）に「南無」と入れ、ほかの四輪に「阿弥陀佛」と刻みます。また真言宗と同じ様に、梵字で「キャカラバア」と刻んでもかまいません。

五輪塔を建てない場合は、墓石に「南無阿彌陀佛」と刻んで、名号塔とします。または、阿弥陀仏の「キリーク」を刻んで、「○○家先祖代々」というように代々墓の形にします。

写経としては、手短なものとして『一枚起請文』があります。お経ではなくて、法然上人がお亡くなりになられるときの遺文ですので、短くてもありがたいお経の代用として重宝がられています。お経としては、『阿弥陀経』を書いてください。また『般若心経』でもいいでしょう。

禅　宗

禅宗では、五輪塔を使用します。禅宗は中国で生まれました。それで五輪塔へは、梵字ではなくて、漢字で「空・風・火・水・地」と刻みます。その横に建てる位牌墓や代々墓の頂部には、円相を刻んで、お釈迦さまの教えを表します。円相を刻む場所は白毫といって、一番大切な部位で、仏さまの額からお光りを発せられる場所です。ここを、家紋を刻む場所と錯覚する人も多くありますが、家紋を刻む場所ではありません。家紋や家名は、墓塔の仏石以外の具足石などへ刻んでください。

円相の円こそ最高の教えです。三角から始まる角を広げていけば四角や五角へ発展していきますが、その行き着く先は無限大角であって、どこまでいっても円にはなりません。その角の世界から円の世界へ抜け出る、つまり解脱することが教えであるのです。禅宗では、墓石や塔婆に円相が書かれています。また塔婆には「大圓鏡智《だいえんきょうち》」と書かれたり、経文には「万徳円満」とか書かれています。禅寺などへ行きますと、円の極めつけの球状の墓石も見受けられます。

白毫に刻まれた円相

写経は『般若心経』でよいのですが、『法華経』の中にある「観世音菩薩普門品」、俗に『観音経《かんのんきょう》』といわれている中にある偈文を書きます。

日蓮宗

日蓮宗では、五輪塔も使いますが、やはり『法華経』の思想による多宝塔が主流になります。五輪塔へ刻む文字は「南無妙法蓮華経」ですが、五個の石に七文字は刻めませんから「妙法蓮華経」と刻みます。ここで間違ってはならないことは、題目の文字を楷書で書くのではなくて、日蓮上人が書かれる髭文字（刷毛文字）で書くことが大切です。多宝塔や五輪塔を建てない場合は、墓石に「南無妙法蓮華経」と刻んで題目塔とします。

また、代々墓にするときには、頂部に「妙法」の二文字を髭文字で刻んでください。

写経は『法華経』を書きます。『般若心経』は用いません。『法華経』の中でも「如来寿量品」で、俗に「自我偈《じがげ》」とか「寿量品《じゅりょうほん》」といわれている経文を書きます。また「南無妙法蓮華経」と、お題目を列記する方法もいいでしょう。

五輪塔の文字

題目塔の文字

日蓮宗の髭文字

浄土真宗

浄土真宗では、墓石の正面に「南無阿彌陀佛」か「倶会一処《くえいっしょ》」か「釋○○」と刻みます。私は「南無阿彌陀佛」と刻むのがよいと思います。浄土真宗では五輪塔は建てません。また、地蔵尊墓や塔婆も立てません。

お墓に入れる写経は、『阿弥陀経』か『正信偈』を奉納します。また、「南無阿彌陀佛」のお念仏を書かれるのもよいと思います。『般若心経』は、浄土真宗では用いません。

また、墓石の横に立てる法名板ですが、真宗では霊や魂を否定していますので、「霊標」という刻み方はしません。「墓誌」（法名板）として使用します。

神　道

明治以前は、神道と仏教が混在していましたから、五輪塔も建てますし、『般若心経』

神道の墓

を写経することもあります。ただし、五輪塔へは何も刻まず、地輪に「○○家奥都城」としておきます。この「奥都城」の言葉にも三種類あります。「奥都城」と「奥津城」と「奥城」です。都のお城（都城）の奥にお墓を築いたことに由来している言葉です。しかし、日本では「津」を古来よりよく使いますので、神道としては日本式な言葉として「奥津城」のほうがふさわしいのかもしれません。

　神道では線香立てがありません。また八足台（八脚台）を置きますし、奥津城（墓石）の頂部は剣状になって、尖っています。これは三種の神器の一つである剣《つるぎ》を象徴しています。写経は大祓詞の言葉を書いてください。

間違いのない墓地の選び方

寺院墓地と霊園墓地

霊園墓地というのは、一般の営利団体では開設できません。ですから、墓地というのは、宗教法人の寺院であるとか、公益法人の第三セクター財団の経営になります。墓地を選ぶとすれば、やはりお寺が経営する墓地がいいでしょう。

ところが、そのお寺が家の宗旨と同じであれば言うことはありませんが、宗旨の違うお寺が経営する霊園の場合は、注意が必要です。「何宗でもかまいませんよ」と言われたとしても、真言宗の寺院墓地へ真宗のお寺さまをお招きして読経などをすることには、ためらいを覚えます。他宗旨の経営する寺院墓地を買った場合は、墓地を管理する寺院住職に、墓前での祭祀を行なうときには、家の宗旨で勤めてよいかどうかの確認をしておく必要があります。

しかし、霊園の寺院の住職とのお付き合いが何かにつけて進みますので、結局は宗旨替えをすることは時間の問題となってきます。ですから、宗旨の違う寺院墓地を選ぶ場合は、そのようなことをあらかじめ考えておくことが必要になります。

また、霊園にはそれぞれ規約があり、建て方が制限される場合があります。ですから、建てたいお墓が建てられるかどうかを、しっかりと確認する必要があります。

立地条件

また、霊園は山を切り開いて造成されたところがほとんどです。よく見ると、山を削り取って平らにした部分と、山の土を盛った部分があることがわかります。山の土を削った土は、初めて空気に触れて、新鮮であり、地盤も堅固ですが、盛った土のほうは、どうしても軟らかいので、固まるまでしばらく置いておかなければなりません。また、他から土を搬入して盛りますから、どこの土を入れて埋めたのかもわかりません。崖下は削った墓所で、崖上は盛った墓所といえます。盛り土の墓地は、長い間には傾く心配もあります。苔が生えている土地は、雨のときの水はけが悪かったりしますから、注意が必要です。また、大木の下などは、木の根っこが張って石を起こしたり、枝にとまる鳥の糞が落ちたり、落葉の時期にはたくさんの落ち葉で悩まされます。日陰は夏にはよいのですが、墓地には悪い影響をしばしば与えますから、気をつけてください。

墓地の広さもまちまちで、二平方メートルがあったり、三平方メートルがあったりしますが、一般的には、間口・奥行きとも、一、五メートル（五尺）ぐらいの墓地で十分です。二メートル角の四平方メートルもあれば十分の広さです。

ただ、五輪塔などを建てる場合は、左に代々墓を建てますから、広い間口の墓地が必要になります。

墓地売買のトラブル

ところで、一般的には「墓地を買う」と言いますが、宅地のように登記をしませんから、厳密には買ったということにはなりません。永代に渡り墓地の使用権を借りる契約をしたということなのです。永代ということと、永久ということは違います。いま求めた墓地は、子々孫々にわたる何百年と借り続けられるものではないのです。墓地を買ったときに、管理費を支払います。一年間分として払ったり、まとめて十年間分を払ったり、その中で永代管理と言って、一度支払ったら二度と払わなくてもいいシステムがあります。

ところで、永代管理料ですが、それを払えば、お寺の続くかぎり永久にお墓があるということではありません。墓地・墓石の相続者がいなくなったり、所在がわからなくなって五年から十年が過ぎると、墓石を無縁塚へ合祀し、お骨も合同葬として合祀されることが多いようです。しかし、合祀されるわけですから、供養の読経は、お寺の続くかぎり勤められます。

また、墓石を建てようとして墓地を買ったものの、何かの都合で不要になったときに、その墓地を他人に売ろうと考える人がありますが、それはできません。墓地を買うというのは、その墓地をあなたの名義に登記して自分の所有にするということではなく、あ

くまでも土地の使用権を手に入れることでしかありません。ですから、使用しない場合は、管理者や寺院に無償で返還しなければいけないのです。もしも墓地を転売したとしても、使用権の譲渡は認められませんから、買った人の使用は認められず、お墓を建てることはできません。

石材の選び方

石の大きさ

石材店の展示場を覗きますと、各種の墓石が並べられています。どれを買えばいいのかと迷うところですが、大型の墓石をあえて薦めません。小さくていいのです。墓石の標準は八型であって、それより大きな九型や十型を買う必要はありません。墓石のサイズは、仏石の横幅を呼びます。八寸幅であれば八型、九寸幅であれば九型と呼ばれます。買うほうの客側の心理から言えば、せっかく建てるのなら、横幅の広いお墓であれば将来に渡って戒名を彫刻し続けていけると思われるようです。しかし、実際問題として、いくら戒名の刻める場所がたくさんあるとはいっても、いま買うその石が十年後、五十年後に、どう変化しているかということを考える必要があります。新品の石も不変では

ありません。長年の風雪や、風化摩耗、酸性雨などによって、色も悪くなり、面にも苔が生え、劣化していきます。そうすると、戒名を彫刻することもできなくなってしまうのです。ですから、それほど大きな墓石を買う必要はありません。

石材の見極め方

墓石には、花崗岩が使われます。花崗岩のことを御影石と言うことがありますが、これは、神戸の御影でとれた石ということです。かつて、花崗岩の代表的産地が御影であったことから、花崗岩のことを御影石と呼ぶようになったのです。

墓石の銘石は、関西では、香川県の庵治《あじ》町で採掘される庵治石で、関東では、神奈川県の真鶴町で採れる小松石です。

墓石の品質は、石の硬さと模様の良さで決まります。墓石は、硬いほど品質が良いとされ、庵治石は普通の石の五倍の硬度があるといわれています。硬い石は水を吸うことが少なく、それだけ雨風にも強いのです。柔らかい石は、水を良く吸い、それがひび割

れや変色の原因になり、長く美しさが保たれないのです。

また、模様は均一で細かな模様が良いとされています。黒い模様がスジで入ったり、大きなぼんやりした模様が出ていたりすると、等級が下がります。これは、たんに見た目に悪いというだけでなく、石が均一でないということで、その部分がひび割れやはがれの原因になるからです。

石の色は、関東より東は黒い色の墓石が多く見られ、関西では白い色が多く使われています。これは、東北地方で採れる石が黒く、それが関東に広まったからです。関西では、瀬戸内海周辺で採れますが、こちらは白い色が多く、そのために関西では白い色の墓石が多くなっています。

黒い花崗岩は、日本ではあまり採れませんから、スウェーデンなどの海外から輸入されてもいます。

石材の価格

昭和六十年代ころまでは、韓国からの石材輸入がほとんどを占めていたのですが、一九八八年（昭和六三年）のソウルオリンピック以降は価格が高騰し、現在ではほとんどが中国からの輸入になっています。国産品があまりにも高額なので、中国の安価な墓石が席捲してしまったことも仕方のないことです。中国からの輸入石材は、日本の同じ品質のものと比べると、およそ二分の一の値段です。

石材は、必ず産地と等級を確かめてください。「庵治石の特級」「大島石の一級」というように、産地と等級が明確に表示されているものを選んでください。そのことに気をつけておけば、相応な価格で買うことができるでしょう。

墓地の設計

三尺角の墓地

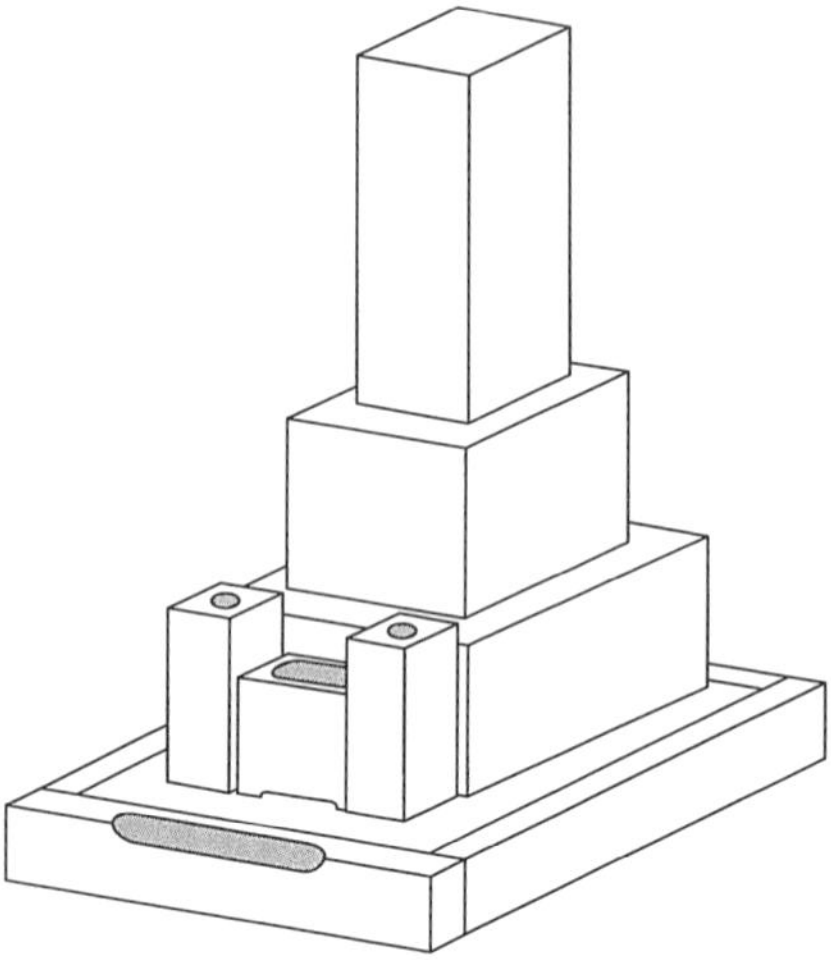

三尺角の墓地

墓地のことを、一霊地とか一聖地と呼んでいます。最小の単位ですが、昔は三尺角（九十センチメートル角）を呼んでいましたが、現在では一メートル角を呼ぶところが増えています。三尺角では八型の墓石がやっと立ちます。図にあるように、クリ階段の入口石が付けられません。正面を表す必要がありますので、前面の巻石の一部分を面取り加工することで入口を示します。このように狭い墓地であっても、必ず入口は設けます。

五尺角の墓地

全体にゆったりとして、しかもクリ階段付きの入口石を設けるためには、最低五尺角（一、五メートル角）が必要です。墓地に入り口は必需であって、正式には図のような形の入口石を作ります。巻石の高さは必要以上に高くすることはありません。高さが五寸か八寸か十寸が標準です。五尺角の墓地には塔婆立が付けられますが、墓前燈籠を建てることができない場合があります。その場合は、小さなガラス筒式の蝋燭立てが売られていますから、それを使います。お供えの中で「あかり」が最高ですから、ぜひ蝋燭立てを備えてください。

塔婆立てというのは、卒塔婆を立てるためのものです。その卒塔婆とは、木製の五輪卒塔婆であって、石の五輪塔と同じ役割を有するものです。つまり、木の五輪塔です。

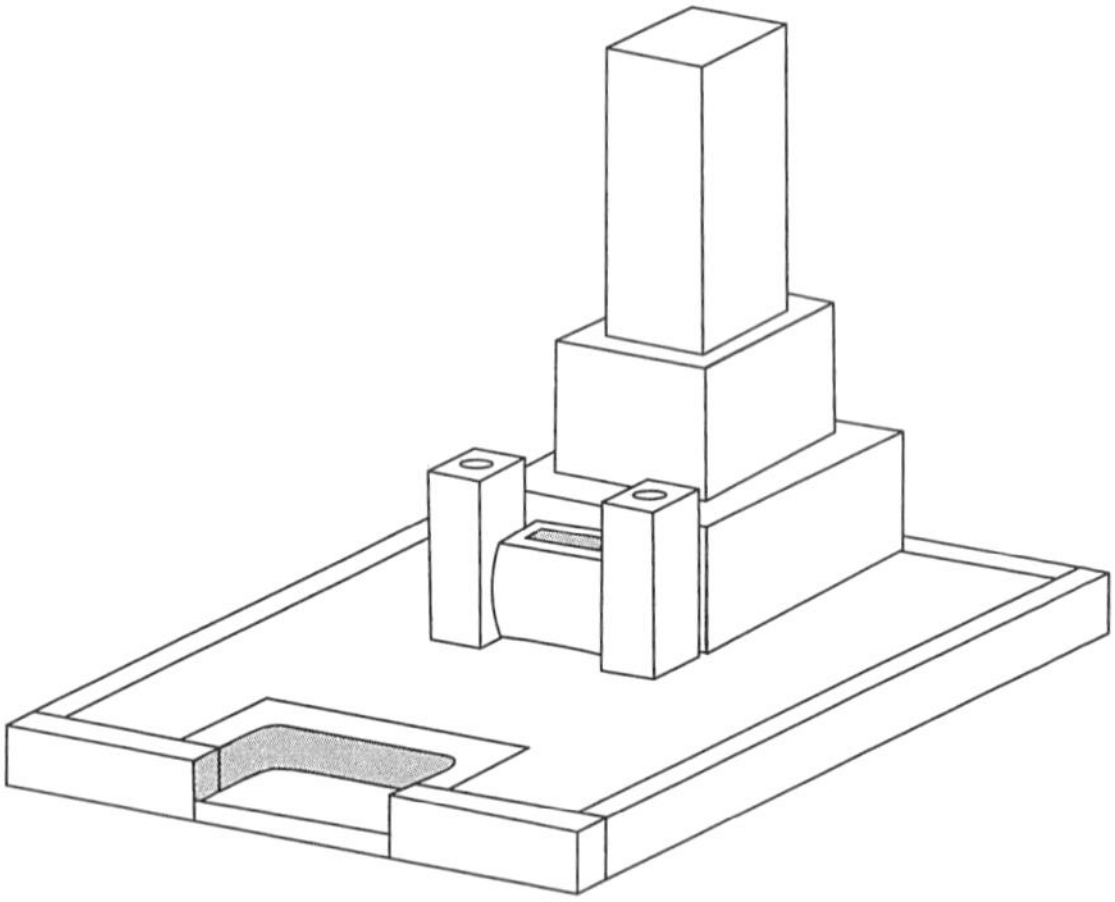

五尺角の墓地

インドのお釈迦さまのお墓のことをストゥーパ（stūpa）と言います。そのストゥーパが中国に入って「卒塔婆《そとうば》」となり、日本では「塔婆」として墓石の後ろに立て掛けられるようになったのです。

塔婆には、有効期限があります。初詣に行ってお札を求めるように、お盆の施餓鬼《せがき》に塔婆《とうば》を立てれば、次年度のお盆にはまた新しい塔婆を求めます。また、命日の供養に追善の塔婆を求めれば、次年の命日にまた新しく塔婆を書いていただきます。古い塔婆は、住職が懇ろにお焚き上げをなさいます。ただし、浄土真宗では卒塔婆を用いません。

卒塔婆の立つお墓

寺院の裏墓地であるならば、住職に書いてもらった塔婆を持ってお墓へ行って、立て掛けて、追福供養や施餓鬼供養を勧めます。ところが、寺院から離れた霊園を求めた場合には、塔婆を持って電車やバスに乗るわけにもいきません。それで、霊園では塔婆を見かけませんし、塔婆立も造らなくなりました。

二メートル角の墓地

二メートル角になりますと、たいていの石造備品を付けることができます。高さが三尺の墓前燈籠も付けられますし、後部に塔婆立も付けられます。四聖地と呼ばれる真四角の墓地です。一基で建てればゆとりがありますが、五輪塔と代々墓の方式も建てることができます。

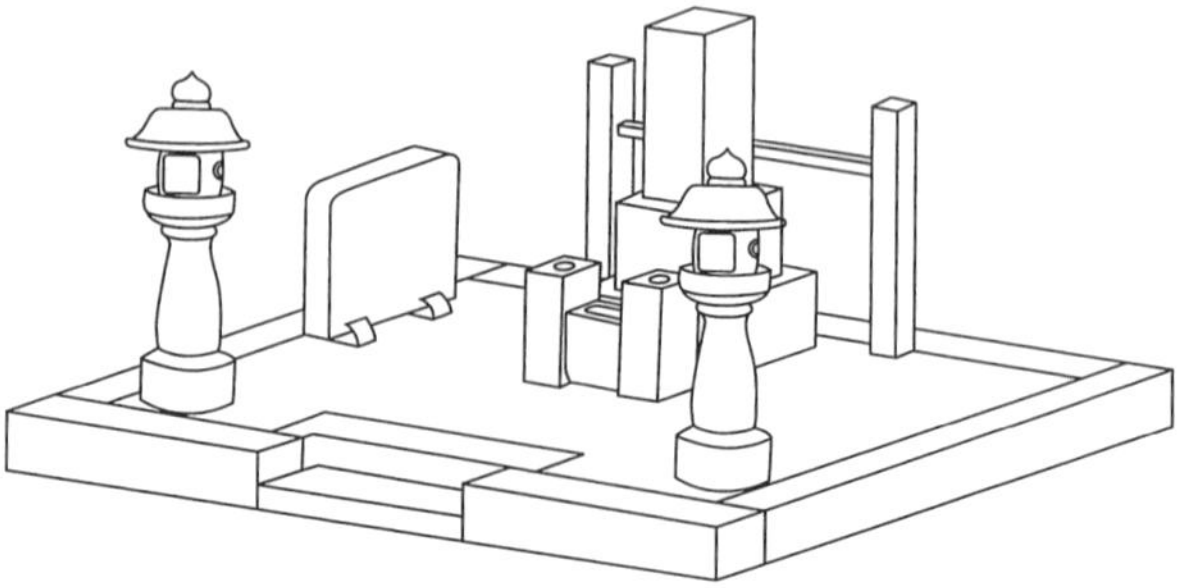

間口が三メートル奥行きが二メートルの理想的墓地

理想的な形の墓地

間口が三メートルで奥行きが二メートルは理想の墓地となります。世界の国旗の寸法の割り振りが、この三対二です。奥行きが三メートルで間口が二メートルですと二基しか立ちませんが、間口が三メートルであると、横に三基の墓塔を並べて建てることができます。

一基で立てても十分なくらい広くとれて、余裕のある住宅の一戸建てを連想します。墓前燈籠や塔婆立や墓誌を立てて、なおかつ余裕があります。

墓　誌
亡くなった人の戒名・法名や俗名
死亡年月日などの記録を記します

墓誌というのは、亡くなった人の名前や死亡年月日などの記録を刻むための物です。墓石には、戒名・法名だけを刻みますから、記録となるような物は、全て墓誌へ記してください。

墓誌への刻み方は、死亡順序です。誰がいつ亡くなるかわかりませんから、そうなるわけです。仏石に戒名が刻まれていても、なおかつ戒名を記録として墓誌にも刻んでから、死亡年月日と俗名と行年を記します。

須浜を重ねる墓地

巻石は結界石ですから、巻石だけでも十分に役割を満たしています。図にあるように、巻石の上に須浜を重ねる丁寧な据え付け方もあります。この図で示すように、四隅に親柱を置いて、三方を板石で囲みます。墓塔を囲む石の塀は、お寺の本堂を囲む擬宝珠欄

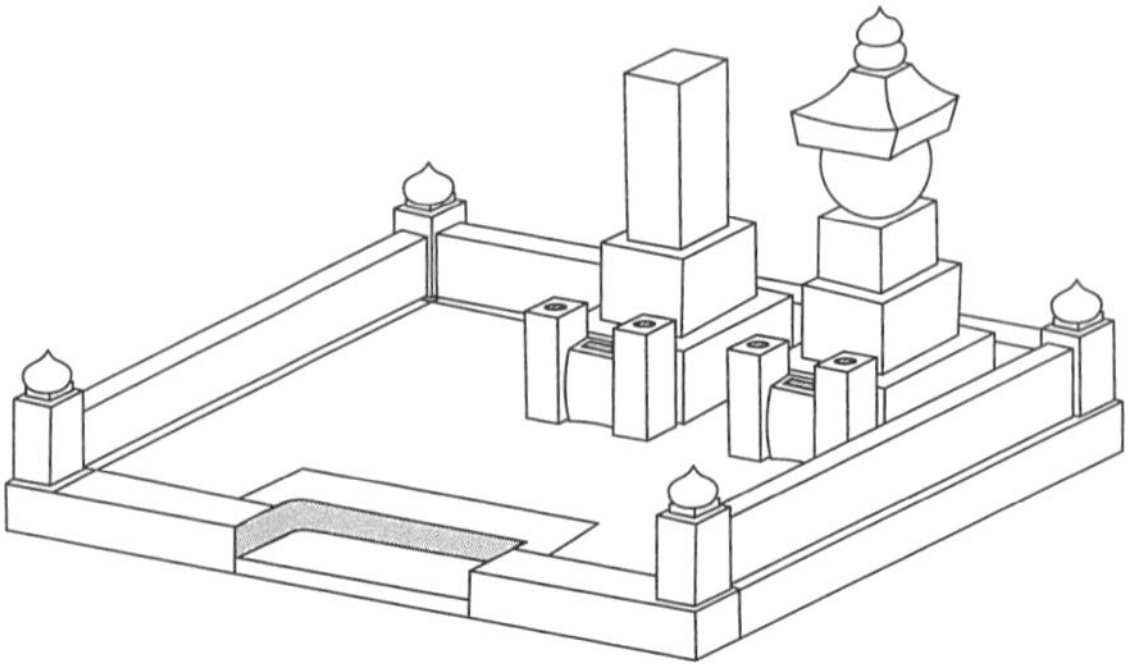

巻石の上に須浜を重ねたお墓

欄干のあるお墓

干と同じですから、角の親柱は擬宝珠を表しています。

須浜は、欄干を簡略にしたものです。親柱は、図のように宝珠にしてもよいのですが、角材のまま使用して喉の部分を絞めることで擬宝珠のようにする方式もあります。

間口が三メートルであれば、八型の標準墓塔を合計三基立てることができます。五輪塔と位牌墓が二基、もしくは五輪塔と代々墓が一基で、この場合は向かって右へ寄せて立てておきます。向かって左は空地にしておき、これを未来地と呼んでいます。未来地があることは子孫が続くと言う意味で、豊かさを示します。

五輪塔と代々墓であっても、わざと向かって右へ寄せておきます。割り振りをして中央に建ててはいけません。

無縁墓や地蔵尊墓を建てる墓地

間口が四メートル以上あって、奥行きも二メートル以上あれば、向かって左地に無縁塚を自家製で造ることもできます。地蔵尊墓を建てるのであれば、奥行きが二・五メー

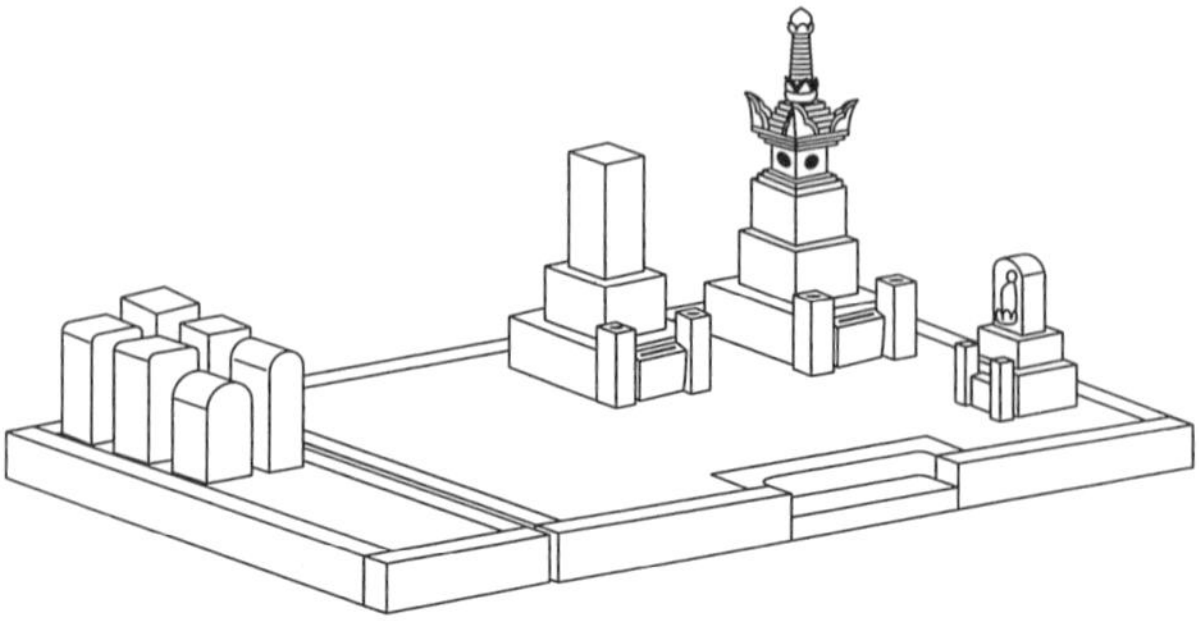

間口四メートルで無縁塚を作ったお墓

トルはないと建ちません。地蔵尊墓は五輪塔や宝篋印塔の前に、入り口へ向かって建てるので、奥行きがないと塔の前に地蔵さんがきてしまって、腰を打ったりして粗末になります。

墓前燈籠も立ちますが、地蔵尊墓と墓前燈籠を置く場合は、奥行きが三メートルは必要となります。旧石をまとめるときには、大きな器の五輪塔や宝篋印塔を建ててまとめます。そのときの旧石の仏石は無縁塚へ合祀しますが、墓域が広いときは新墓地と無縁塚を貴家の中で造成します。無縁塚は、向かって左地の下座に造り、仏石のみを安置し、台石は石材店に引き取ってもらいます。無縁塚に花を供えたり手を合わすことは必要ありません。

間口が四メートルあると、四基の墓塔が立ちます。

一か所に集められた無縁塚

宝篋印塔の前に建つ地蔵尊墓

宝篋印塔（五輪塔）と三基の位牌墓が立てられます。宝篋印塔（五輪塔）と代々墓の場合でも、向かって右へ寄せて立てます。

ところで、水子や幼児のお墓として地蔵尊墓が建てられることがあります。建てる場合は、お墓としての機能のある、竿付きの肉彫り地蔵尊墓にします。

地蔵尊墓には二種類あります。一つは舟形地蔵で、もう一つは竿付き地蔵尊墓です。舟形地蔵尊は、地蔵尊の後背が舟の形に似ているところからそう呼ばれています。つまり光背の部分ですので、そこへの戒名等の文字彫刻は控えるべきです。墓地に建てる幼児の供養のためのお墓としての役目を全うするには、戒名彫刻が必要ですので、墓石の仏石のような竿石（軸石）を備えたものを建てます。竿石の前面には、幼児の守り仏である地蔵尊が肉彫りされています。もちろんお墓ですから、花立てや線香立てなどの具足石が具わっていなければなりません。竿石（軸石・仏石）に、戒名のみを刻んであげてください。

五輪塔を建ててある場合、地蔵尊墓は特に必要ではありません。

地上に石室を造る墓石

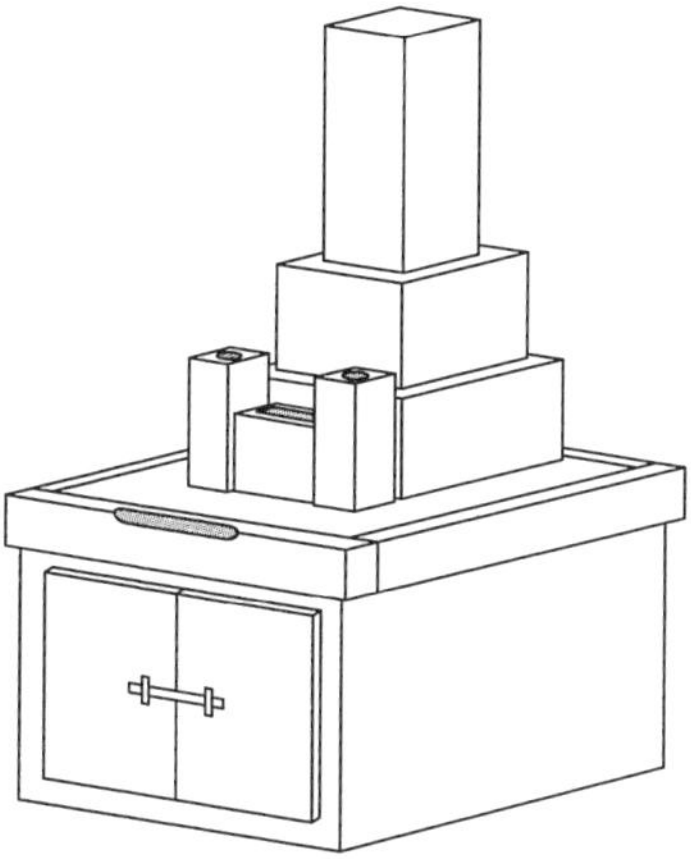

地上に石室を作ったお墓

地上に石室（カロート）を造る場合は、地面より上に約六十センチメートルほど積み上げた格好となります。

地上カロートというのは、骨壺を安置するという考えに基づいて造られるものです。地下へ骨壺を納めると水が骨壺に浸入することを嫌って、地上に棚を造って骨壺のまま奉安するために地上にカロートを造ります。

また雪の深い地方では、墓石が雪に埋もれることを嫌って、土台部分を高くしています。いずれであっても、入口石は必要です。骨壺のままでは、お骨は土へ還りませんが、お写経を奉納してそこを聖地とすることは、普通のお墓の場合と同じです。

クリ階段を設けて入り口を造る場合は、二メートル角以上の広さが必要です。

お墓を建てるときの注意点

戒名・法名をしっかりと調べる

お墓を建てるということは先祖祀りですから、しっかりとご先祖さまの流れを把握することから始めなければなりません。戒名や先祖調査を行なわずに進めてしまうと、安易なお墓造りに終始してしまいます。それではお墓を建てたということにはなりません。いったい誰を供養し、祀ったというのでしょうか。お墓の形をした石組みを建てただけで、なんの供養にもなりません。ですから、先祖の調査を必ず行なうことが、先祖供養の第一歩となります。

家の仏壇の位牌と過去帳と墓地の墓石に刻んである文字調査を行ない、さらに市町村役場へ出かけて戸籍謄本を請求してください。必要なのは古い戸籍謄本です。除籍謄本とか改正原戸籍謄本と呼ばれています。戸籍は八十年間役場で保存されています。つまり、八十年前に亡くなった人の戸籍が出てきますから、江戸の末期に生まれた人が現れるのです。

家系図を書いて見てみますと、流れがはっきりとわかります。これがまさしく間違いのないあなたの先祖です。この因縁や血流を受けて、現在のあなたがあるとすると、感慨深いものが湧いてきます。先祖の流れを図にして書いてみてください。初代夫婦や二代夫婦。生まれた年月日や死亡年月日。嫁に来たり離婚したり、先妻や後妻があったり。お祖父さんは長男と思っていたが、上にお兄さんがいて若死していたことがわかったり。知らなかったことがいろいろと判明してきます。その図の横に、今度は戒名を書いていってください。そうすると、位牌にあるのに墓石に刻まれていない人があったり、墓石に刻まれているのに系図に出てこなかったり、過去帳の戒名文字と墓石の文字が違っていたり、死亡年月日が違っていたりと、いろんな問題点が出てきます。これらを正しい過去帳や墓石に整理して、次の子孫にバトンタッチしていかなければ、漠然と建てたのでは、次の代へ悩みを先送りすることになってしまいます。いまの時点でしっかりと整理をしておかなければ、次代ではより一層に難しくなります。

墓石への戒名彫刻は、相続順序です。つまり初代夫婦があって、二代目夫婦があって、三代目夫婦と、相続した代ごとで刻みます。初代や二代や三代が一目瞭然なのです。

戒名・法名が多いときの注意点

ところで、先祖の数が多く、戒名をたくさん刻まなければならない場合は、どうするのがよいのでしょう。たいていの人は「古い五十年以上の先祖さんですから、割愛して〇〇家先祖代々という言葉へ包含します」と言われます。しかし、割愛するのであれば、お墓を建てる意味がないのです。私で十五代目ですとか、二十代目ですと、誇れる理由は、家に脈々と流れる先祖からの伝承があるからです。その証しは、お墓や仏壇の位牌や過去帳なのです。先祖の流れがあって今の私の十五代目に続いているならば、一代でも割愛はできません。先祖の積み重ねなのですから。初代から夫婦の戒名を墓石へ刻むことは必須条件なのです。

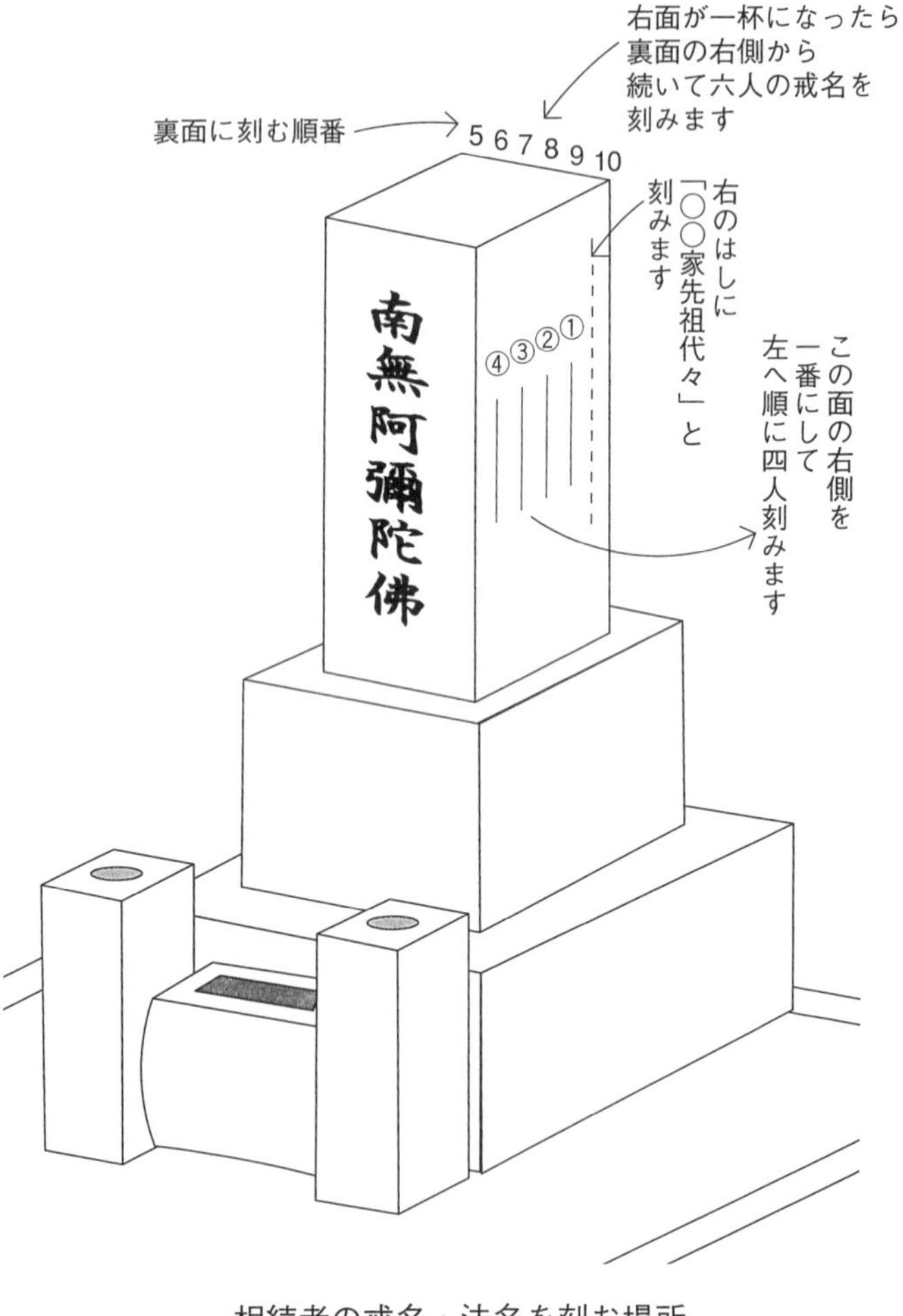
右面が一杯になったら
裏面の右側から
続いて六人の戒名を
刻みます
裏面に刻む順番
5 6 7 8 9 10
右のはしに
「○○家先祖代々」と
刻みます
南無阿彌陀佛
④③②①
この面の右側を
一番にして
左へ順に四人刻みます

相続者の戒名・法名を刻む場所

向かって右の上座である涅槃門《ねはんもん》を最上クラスとして、夫婦の初代からの戒名を刻んで進みます。そして、裏面の菩提面に繋げていきます。

右面と、裏面だけでは刻めない場合は、右面を二段に分けて、上から初代を刻んでいくようにします。そして、すべてを刻むようにしてください。

戒名・法名の刻み方

戒名も「○○院●●◎◎居士」とかいう場合、○○は院号であり、●●は道号であり、◎◎は法号、居士を位号と呼びます。それらを総称して、戒名と言うのです。ここで一番大切なのは、◎◎の法号と呼ばれる部分です。短くする場合は、この部分の二文字のみを刻みます。また浄土真宗の場合は「釋□□」という法名で、これをそのまま刻みます。

戒名を刻むときに付けられている文字が旧字であれば、そのまま旧字で彫刻します。新字であれば、当然新字で刻んでください。旧字を勝手に新字に変えて刻んではなりません。仏の名前としていただいて、葬式や法事を営んできた名前が旧字であれば、そのまま使用することです。「釋」も字画が多く彫刻しづらい字ですが、だからといって勝手に「釈」に変えてはいけません。

非相続者の戒名・法名の刻み方

人の死亡は、相続をとって亡くなる場合だけではありません。相続者に対して、それらの人を非相続者と呼んでいます。つまり独身で亡くなる人です。独身の死者には相続がありません。ですから、彫刻は死亡順序になります。

墓塔でいえば、向かって右面の涅槃門と裏面の菩提門を相続者の戒名彫刻面とし、向かって左の修行門を非相続者の戒名彫刻面として使用します。

非相続者とは、次の方々をいいます。独身で亡くなった人。二、三歳の子どももいれば、六十歳で独身で亡くなる人もあります。また、弟が結婚をして分家を興したが、子どもに恵まれず、そのまま亡くなった分家夫婦も非相続者になります。また、父親に先妻と後妻があって、後を継いだ長男が先妻の子であった場合の後妻。また後妻の子が後を継いだ場合では、先妻が非相続者となります。

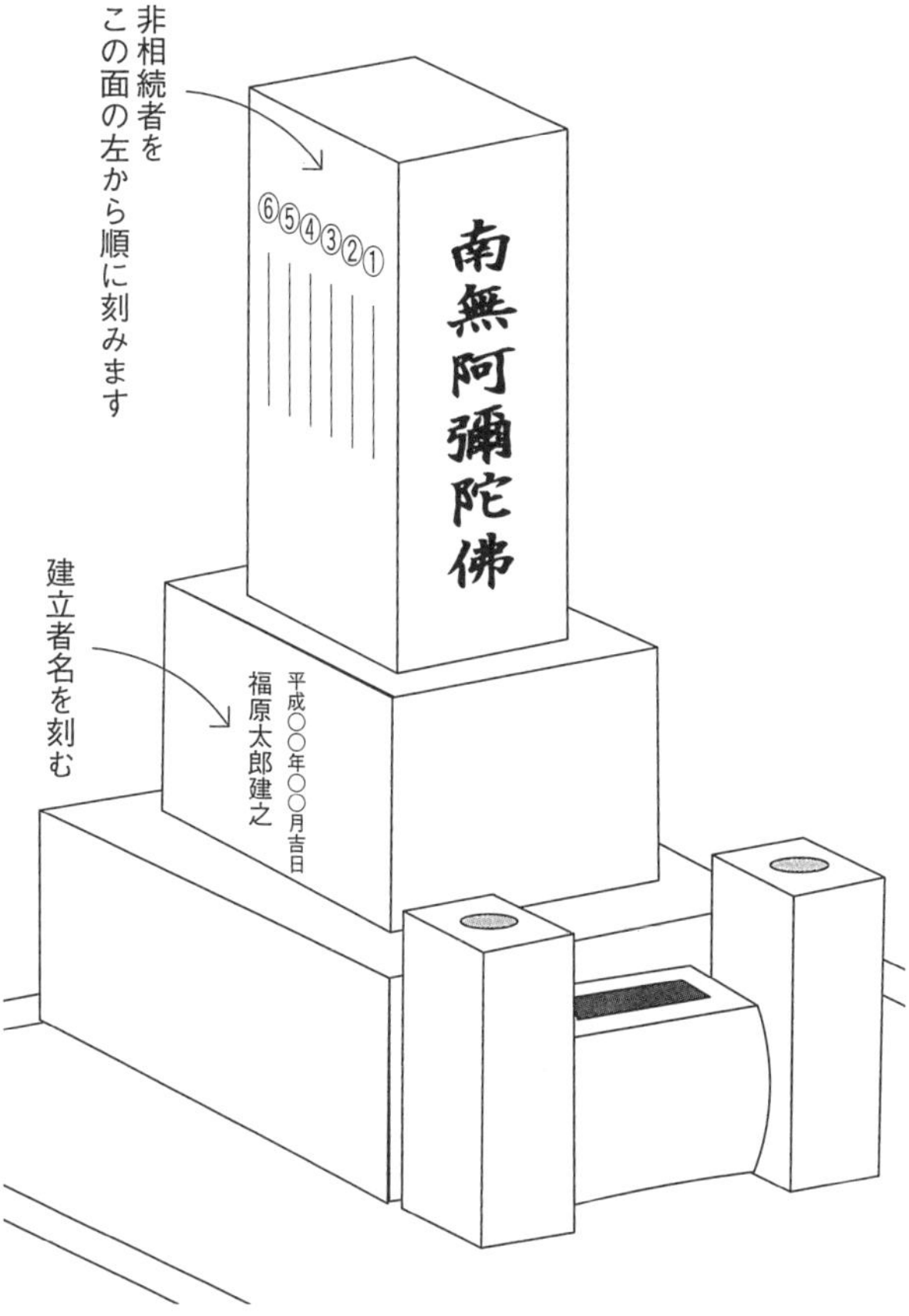

非相続者・建立者名を刻む場所

建立者の名前の刻み方

お墓の建立者の名前は、仏石を支えている上台石の、向かって左に刻みます。中央に二行で「平成〇〇年〇〇月吉日　福原太郎建之」とします。浄土真宗は吉日がありませんから、吉日を外してください。俗名の「太郎」には朱色を挿入しておきます。仏石ではなくて人石（上台石）といえども、墓石本体ですから、朱色を入れて、俗人が墓石へ飛び込むことを嫌って避けておくのです。建立者名の下は「建之」とします。

建立者名は一人にしてください。葬式出棺の挨拶のとき、位牌を複数で持ち合うことはありません。社長も一人、市長も一人であるように、継承相続する人も一人でなければなりません。建立者名を夫婦や親子や兄弟の連名で建ててはなりません。相続者の一人の名前を刻みます。

親のお墓を建てるのに兄弟でお金を出し合ったからといって、大勢の兄弟の出資金芳名録として連座で建てることはしません。たしかに親のお墓ですから、兄弟でお金を出

し合いますが、それと建立者名とは違います。お金を出したからといって、建立者名に名前を連ねることを要求するものではないのです。

古いお墓がある場合の注意点

お墓の建て方としては、まったく新しく分家初代として墓地を買って建てる場合と、古くから家が続いているために墓石も何基かあり、それをまとめたり移葬したりの場合があります。問題になるのは、古くから数代に渡って家が継承されているときの改葬であったり、移葬です。まとめる場合は、大いなる器の墓石にしなければ、多くの戒名を刻み込むことが叶いません。小さな墓石が五基も六基もあるときには、五輪塔を建ててまとめることをお薦めします。

ここで注意が必要なのは、五輪塔の横に建つ墓石の正面彫刻を「○○家之墓」としてはならないことです。代々墓ですから、「○○家先祖代々」となります。代々で止めておきます。厳密に言えば、「為○○家先祖代々供養」ということになる代々墓なのです。

施工の注意点

施工の日の決め方

旧墓石を解体して、更地としての新墓石を建てるときには、抜魂供養（浄土真宗では遷座式）をお勧めします。逆に、お魂を入れる儀式を入魂式と呼び、一般には「開眼供養」（浄土真宗では建碑法要）と言われています。

施工の日は、何でもない日に建てるのではなくて、仏縁のある日を選びます。一般的な仏教の縁日は彼岸やお盆ですが、亡き人の命日にあわせるのもいいでしょう。吉日を鑑定することもありますが、浄土真宗では吉凶判断をしません。

大安や仏滅の六曜も大事ですが、二十八宿や十二直を見てください。真言宗と日蓮宗では二十七宿であって、二十八宿では鑑定しませんので、二十七宿法の暦で見てくださ

い。最近では、真言宗でも二十八宿法で見られているようです。二十八宿法と二十七宿法の違いは、二十八宿法には「牛」が一つ多く加わっていることです。二十七宿法はインドで使用されて古式と呼ばれ、二十八宿法は中国で使用されて新式と呼ばれています。弘法大師が中国から持ち帰った暦が二十七宿法であったために、真言宗では最近まで二十七宿法を使っていたのです。

二十八宿法による工事の吉日

角・氐・房・尾・斗・室・壁・婁・昴・畢・参・張・軫

二十八宿法による工事の悪日

亢・心・女・虚・危・胃・觜・星・翼

二十八宿法による開眼（納骨）の吉日

尾・壁・婁・昴・畢・張・軫

二十八宿法による開眼（納骨）の悪日

角・心・箕・女・虚・危・室・奎・胃・参・井・柳・星・翼

十二直（客）法による吉凶判断

吉日　建・除・満・平・定・執・成
悪日　破（やぶる）・危（あやぶ）

工事着手の吉日に工事を始めますが、当日が雨の場合は、鍬入れを行なったり材料の搬入を済ませて着手したとして、後日の晴天時に作業を繰り延べます。工事も開眼供養も、午前中に開始してください。

開眼供養・建碑式の心得

お墓が建ってしばらくすると完成式を勤めます。一般的に開眼供養（浄土真宗では建碑法要）と呼ばれており、入魂式とか入仏式と呼んでいます。お魂入れです。これも吉日を選びます。彼岸中やお盆期間中、または命日にされる場合が多いのですが、該当する日が仏滅であってもかまいません。すべては吉なる日ですから、気にかけてはなりません。お彼岸の中日が仏滅の日であることもありますし、お正月が仏滅であることだってあります。ただし午前中が吉ですので、遅くても午後の一時を回らない時分がよいで

しょう。

工事が完了してから少し時間が経過していますので、開眼のお勤めが始まる前に、お墓を奇麗にしておきます。ひとつの披露ですから、親戚なども呼びましょう。住職が到着すると開眼供養のお勤めが始まります。まずは、墓塔に巻かれているサラシの除幕から始まります。施主が墓塔の前に立ち、石材店の担当者が後部に回って、二人で幕を外していきます。サラシは約一反使用しています。

次に、お骨納めが始まります。壺からサラシのお骨袋へ移し替えます。お骨袋は石材店でも販売されています。この袋は、宗派別にご宝号が書かれています。浄土真宗や浄土宗の方であれば、「南無阿彌陀佛」と書かれているものを求めてください。日蓮宗の方は「南無妙法蓮華経」と書かれているものをお求めください。

お骨を土へ還しますと、次はお写経奉納です。施主の方から納めます。この日のためにたくさん写経を書かれたと思います。小さなお子さんが書いた写経は、写真に撮っておきましょう。たどたどしい字で「なむあみだぶつ　おじいちゃんのために」と書かれています。おじいちゃんも、大変喜ばれることでしょう。

読経の間に焼香をする

写経は一度墓前の香の煙を当ててから、二つ折りもしくは四つ折りにして石棺内へ入れてください。全員に一枚ずつ行き渡るようにお持ちいただき、納めていただきます。お骨の上に布団を掛けるように納めては、合掌礼拝して、次の方と代わってください。お墓を建てても、お写経の納まっていないお墓は値打ちがありません。お経を納めてこそ開眼供養であり、最高のお供えを施したことになります。

写経の最後には「為書き」をします。お経を書き終えたその次に、「為○○院●●◎◎居士供養」とします。また「為○○家先祖代々供養」と書きます。書いた人の名

各人が書いてきた写経を奉納する

前は不要です。名前を書けば、その人もお墓の中へ入ってしまいます。霊場巡りでは書きますが、お墓へ納める写経の場合は書かないでください。書いた人の利益を願うための写経ではなくて、亡き人の追善供養の利益のための写経ですから。

書いた人の名前を書いてしまった場合は仕方ありません。破り捨ててしまうほうが大罪です。一字一仏といわれていますから、失敗をしても無駄に破り捨ててはいけません。一字間違っても、訂正して書き続けてください。

お骨やお写経が納まりますと、墓前を少し整理して、お飾りをお供えします。

住職の読経が終わると、墓地の回りを清めます。浄土真宗では、墓地を清めることはしません。しかし、その他の宗派では、行います。

まず、墓前にお供えしたお米とお酒とお塩を使って、墓地の四隅を清めます。四隅には、あらかじめ蝋燭の火が点けられています。風で消えることがありますので、線香で代用してもかまいません。その火の側へ、施主に酒を持っていただいて撒きます。次は、奥さまにお米を四隅に盛っていただきます。そして、息子さんにお塩を四隅に盛っていただく行道を勤めます。

お米や塩や酒は、いずれも清めが叶うものですし、とくに塩は相撲の土俵でも見ることができます。清めだけではなく土が締まりますし、草も生えにくくなります。だからといって、大量に撒くことは禁物です。塩を吸った墓石は、変な縞模様ができますし、石の劣化を早めます。

無縁墓の扱い

遠方の墓地を家の近くの墓地にお迎えするときは、新墓石を建てておいてから、遠方にある墓石の抜魂供養を行ない、解体を済ませて、各墓石の下から、お骨もしくはお土をいただき、速やかに新しい墓地のあるところへお運びします。いったん土の中へ納められていたお骨は、家へ運び入れたりせずに、新墓石へ直行して石棺内へ納めてください。仮安置ということで納めておいて、数日後の開眼供養を待ちます。

解体した旧墓石は、無縁塚にて合祀します。不要になったからといって、決して捨てたり、割ったり、埋めたり、バラスにしたりはしないでください。お魂は抜けて、新しい墓石へお移りいただいたのですが、昨日まで拝んできた石ですし、表面には亡き人の戒名が刻まれている石でもあります。正しく無縁塚へ合祀してください。また自分の家の墓域が広ければ、自分の墓地内に無縁塚を造成して安置する方法もあります。その場合は、仏石（竿石）のみを安置し、台石は石材店に処分してもらいます。

新墓地での自家の無縁塚の造成場所は、向かって左地か後部で、一本の仕切り石を入れて新墓地と無縁塚を区別します。お魂が抜けて新墓石へ移られた後の旧石は「蝉の抜け殻の石」ですから、花を添えたり手を合わせることはありません。

お墓のお守りと相続

月に一度はお参りを

今後のお墓の管理としては、近ければ週に一度、遠ければ月命日のお参りをお願いします。お花とお線香と蝋燭をお持ちください。水は、霊園のものを使用してくださって結構です。ペットボトルのおいしいお水をお供えくださってもかまいません。墓塔の上からお水をかけます（洒水）。かけたら拭くわけですが、墓塔石の仏石部分を拭くタオルと、その下部を拭く下用のタオルを分けてください。もし一枚のタオルの場合は、仏石の部分を拭いてから下部へ回ってください。念願のお墓が建ったのです、ひとつの御堂を建てた喜びを、ご先祖さまの思い出話とともに一人でも多くの人と共に喜びあいたいものです。住職の都合がよければ、参列していただきましょう。

お墓を建てるまでは真剣で一生懸命の人も、お墓が建ってしまうと、気が抜けたように安堵されて、熱意が霧散していきます。ご本尊さまを迎え、ご先祖への供養を十分に全うするためには、さらに墓守りに勤め、子孫に相続させていかなければなりません。墓地は近くに在るのが理想であり、近ければ頻繁にお参りにも行けます。

墓地に草が生えないように気をつけてください。お参りが年に二、三度であれば、草も生えて、見苦しくなってしまいます。ですから、一月に一回はお参りするようにしたいものです。そして、いつも清浄な墓地であるように努めましょう。

お墓の相続

寺院墓地でも民間霊園でも、子孫末代へ継承させていくために、子どもへの相続が認められています。娘であっても実の子ですから他家へ嫁いで姓が変わっても相続継承ができるのです。

一人娘が嫁いだ場合は、両家の姓をまとめたお墓を考えればよいのです。そのようなことは可能であって、当たり前のことです。しかし、「〇〇家◇◇家之墓」とはしないでください。家名と家名の合体がお墓ではありません。お墓は仏の世界のことであって、家名の表示や遺骨の保管場所ではありません。正面が「〇〇家之墓」となっていれば、妻の実家の「◇◇家」は入ることができません。

この問題を解決する唯一の方法は、仏さまの世界を具現することです。正面に「南無阿彌陀佛」とか「南無妙法蓮華経」と刻んでください。「南無阿彌陀佛」であれば、〇〇家だけのお墓ということにはなりません。ですから、そこには、妻の実家の◇◇家も安心して入ることができるのです。

一人娘が他家へ嫁いだとき、婚家には婚家の仏壇がありますから、実家で祀っていた仏壇を遠慮がちに二階に置いたりしています。お墓は郷里に捨て置いたままで、荒れるに任せ、気を揉んでおられます。少子化時代ですから、今後このようなお墓や仏壇の悩みは広がっていくばかりです。

相続者のいないお墓は合祀する

相続者がいなくなった実家のお墓は、どうなるのでしょうか。後の面倒をみる人がいないために、将来は無縁墓となり、家が絶えて荒れていくことになるでしょう。墓石は傾き、戒名の文字が薄れ、汚れて落葉に埋もれていくのです。大変悲しいお墓が、寂しく残っていくのです。もう誰もお参りには来ません。嫁いで行ったのは娘さんですが、郷里に残された親からみれば、立派に育てあげた可愛い子どもです。男の子だけが相続をし、先祖を供養しなければならないということはありません。娘であっても子どもですから、男と同じく両親を含む先祖を婚家で合わせて祀らなければならないことは当然の務めです。

ところが、「姓が違う人を祀ってはならない」「宗旨が違う人を祀ってはいけない」といわれて、一緒にできないで困っている人が多いのです。

そのような、家の違い、宗旨の違いを超えて一緒に供養できるように考えられたのが、

85　お墓のお守りと相続

すべてのご先祖を合祀できる名号塔（阿理香塔）

累宝塔と阿理香塔です。

累宝塔は六角形で、その六角柱といわれている石の中がくり抜かれていて、内には丸いお茶の缶のような筒状の石が嵌入されています。この丸い筒状の石こそが「仏心石」で、ここに戒名を刻みます。内に納まっていますから、宗旨の違うお家であっても、誰に気兼ねすることなく戒名を刻めます。

また、阿理香塔も、扉の内側に戒名を刻みますから、宗旨が違っても気兼ねすることがありません。そのようにして、一家の伝統を次代に受け継ぎ、さらなる繁栄の礎としたいものです。それこそが、お墓を建てる本当の意義なのではないでしょうか。

あとがき

書店には沢山の本が並べられています。インターネットでも無限の情報を瞬時に得ることが出来ます。しかしお墓に付いての正しき情報をそれらからどれだけ得る事が叶うのでしょうか。

人は生まれて死んで行くのに、建てようとするお墓のガイドブックが見当たらない。しかし、お墓に対して人は無関心なのかと言えばそうでもない。お墓はタブー視されてきた題材であるし、宗教や宗旨によっても考え方が違うし、地域によっても大きく変わるだけに、なかなか一冊の本にしずらい面があるのです。

私は一七歳の時から入退院を繰り返して来ました、その間に皆様方の多くの血税を治療費として使わせていただきました。何もかもが皆様方の温かき人情で支えられてきたのです。お返し出来る事と言えば、もう二度と病気にならない事と、ささやかながら社会に貢献が出来るお墓の知識を伝達する事なのです。学力も体力も財力も無い私ですが、人一倍のお墓に対する思い込みを持っています。先祖も私も入り、子孫も使うお墓であるならば、もっと真剣に取り組んでこそ正しき墓塔が堂々と光り満ち満ちて立ち続けていくものと思っています。単なる石組みに終わらせない為にも、今一度この本を精読下さいまして、お墓を再認識して下さいます様にお願い申し上げます。

沢山の書物の中よりこの書をお選び下さいました仏縁に深く感謝申し上げます。誇れる物の何も無い私をここまでご指導下さいました、信州善光寺の小松玄澄貫主猊下と種智院大学の頼富本宏学長と、誰も取り上げてくれないお墓の本をあえて出版下さいました法藏館の西村七兵衛社長に深く感謝を申し上げ敬意を表させていただきます。

今日も明日も人が亡くなって行きます、長くても短くても大いなる人生を全うされて仏への道に旅立たれました。狭くても小さくても安くても、石を買うのではなく、写経奉納も含めて力あふれる貴方の思いを宗教に乗せて建墓下さいます様に、なにがしかのお役に立ちました事を嬉しく思って筆を置きます。

二〇〇三年三月

常にお堂の縁の下に

福原堂礎

福原堂礎（ふくはら　どうそ）

昭和22年、京都市生まれ。青春時代を闘病生活で過ごし、生と死の間の彷徨を重ね、生かされた命の自覚と先人の供養を願い仏道に身を投じる。仏教学を学ぶと共に良き師匠を得てそれを実践し、仏教から見たお墓の在り方を研究しつつ、講演会や相談会を全国で広く行い、正しき建墓の啓蒙運動を展開している。
現在、仏教墓塔研究会会長、東洋易学学会理事長、仏教会会員、密教図像学会会員、京都府沖縄塔奉賛会監事、僧侶。
著書　『真宗門徒の墓つくり』（朱鷺書房）
　　　『間違いだらけの正しいお墓』（朱鷺書房）他多数

墓のはなし

二〇〇三年　四月一五日　初版第一刷発行
二〇一七年　七月二五日　初版第六刷発行

著　者　福原堂礎
発行者　西村明高
発行所　株式会社　法藏館
京都市下京区正面通烏丸東入
郵便番号　六〇〇-八一五三
電話　〇七五-三四三-〇〇三〇（編集）
　　　〇七五-三四三-五六五六（営業）

印刷　リコーアート・製本　清水製本所

ISBN 978-4-8318-6417-8 C0015